ÉTUDE LITTÉRAIRE

SUR

LE GÉNIE ET LES ÉCRITS

DU

CARDINAL DE RETZ

ÉTUDE LITTÉRAIRE

SUR

LE GÉNIE ET LES ÉCRITS

DU

CARDINAL DE RETZ

―――

*Discours qui a obtenu, de l'Académie Française,
la première Mention honorable au Concours
d'Éloquence de 1863*

PAR

FERDINAND BELIN

Professeur au Lycée Impérial d'Avignon

Si aliqua contempsisset, si non parum
concupisset, si non omnia sua amâsset....
QUINTILIEN, INST. OR., LIV. X, CH. I.

AVIGNON
TYPOGRAPHIE ET LITHOGRAPHIE DE BONNET FILS
rue Bouquerie, 7
1864

A. M. JOSEPH BERTRAND

MEMBRE DE L'INSTITUT

HOMMAGE D'UNE SINCÈRE RECONNAISSANCE

Extrait du Rapport de M. Villemain:

« Cette étude, digne d'éloges en bien des points, fait honneur à la fermeté de jugement et à l'esprit littéraire de M. Ferdinand Belin. »

ÉTUDE LITTÉRAIRE

SUR

LE GÈNIE ET LES ÉCRITS

DU

CARDINAL DE RAIS (1)

> « Si aliqua contempsisset, si non parum
> concupisset, si non omnia sua amâsset.... »
> (QUINTILIEN, INST. OR., LIV. X, CH. I).

PREMIÈRE PARTIE.

S'il est un homme dont la réputation paraisse plus brillante que solide, et dont la gloire toujours discutée soit encore aujourd'hui un problème, c'est assurément le cardinal de Rais. On le voit, au gré des historiens et des faiseurs d'annales ou de mémoires, changer, pour ainsi dire, complétement de nature et trouver

---

(1) Orthographe prise par Rais sur la fin de sa vie et à laquelle Louis XIV lui-même se conforma.

dans leurs œuvres toutes sortes de célébrités. Partout, sans doute, on vante l'expression vive, hardie, pittoresque de Rais, son style original et plein de saillies ; mais l'homme public est loin de trouver la même estime ou les mêmes éloges. Tantôt c'est un artisan d'intrigues ; plus souvent un mauvais prêtre, brouillon, remuant et avide de troubles ; parfois au contraire un politique aux idées justes, profondes et pleines d'avenir, un défenseur désintéressé et intrépide des droits et de la liberté des peuples. D'où vient donc une telle différence d'opinions, une diversité si grande de jugements ? à notre sens, d'une étude incomplète ou plutôt d'un esprit de prévention. On n'est pas habitué à juger Rais d'après ses Mémoires ; on aime en lui l'écrivain, le peintre spirituel de la dernière révolte féodale ; mais on se défie de ses appréciations et de ses aveux, on ne l'écoute qu'avec la plus extrême réserve, et on craint d'être obligé de le croire à force de l'admirer. Pour se faire une idée de l'homme, on va rechercher le jugement de ses ennemis ou de ses rivaux ; et c'est à eux qu'on demande la raison des actes de ce singulier génie et de ses perpétuelles variations. Ils ne laissent pas cependant de nous avertir. Prenez garde, dit la Rochefoucauld (1) : « En écrivant des affaires de leur temps, les auteurs n'ont pu conserver leurs passions si pures qu'ils ne se soient abandonnés à la haine ou à la flatterie. » La Rochefoucauld ajoute, il est vrai, qu'il est bien éloigné de ces idées et de ces vues ; mais on n'ose le croire sur parole : victime de son propre jugement, il ne trouve point foi lui-même auprès de la postérité. A qui donc s'adresser pour connaître Rais et s'expliquer l'énigme de son caractère ? A lui-même. Sans

(1) *Mémoires de la Rochefoucauld.* — *Collection Michaud et Poujoulat*, tome V, page 409.

doute, on n'écrit pas ses Mémoires pour dire la vérité avec l'impartialité de l'historien ; on ne songe d'ordinaire qu'à se louer, à relever sa personne aux dépens des autres, à prévenir ou tromper le jugement de la postérité ; mais l'on ne peut toujours s'abuser ainsi et abuser tout le monde. On a beau essayer de donner le change en affectant sur certains points la plus extrême franchise, en ne montrant de ménagements ni pour soi, ni pour les autres ; on se trahit enfin par quelque endroit, et involontairement on livre ou on laisse deviner son secret. Ce secret échappe donc à Rais, mais tardivement. Ce n'est qu'à la fin de la Fronde, à l'heure où il semble pressentir sa chûte, qu'il fait et qu'il souffre qu'on fasse pour lui les plus complets aveux. Il nous apprend que ses ennemis l'accusaient de « n'être pas à son âge content d'être archevêque et cardinal, et de vouloir conquérir à force d'armes la première place dans les conseils du Roi ; » et il s'empresse de répondre qu'il « avait trop d'inclination aux plaisirs et à la gloire pour désirer le ministériat. » Ainsi c'est Rais lui-même qui nous découvre le but de sa conduite durant la Fronde et la vraie cause de son insuccès. Le désir où plutôt la passion des grandes affaires, mais trop peu de patience, trop de présomption et trop peu de solidité d'esprit.

Pourtant ce n'est là qu'un léger crayon du caractère de Rais. Ce caractère est plus ondoyant, plus divers, plus compliqué en quelque sorte. Il est difficile de le bien saisir ; mais, quand on a ce bonheur, on voit, au milieu de transformations successives, se développer avec une certaine harmonie l'homme qui, sans vouloir, comme quelques-uns de ses contemporains, donner de sa personne un véritable portrait, s'est peint avec tant de vérité et de force, qu'il suffit, pour le comprendre, de lire, de se souvenir et de donner la vie à ces souvenirs mêlés de réflexions. De l'esprit et du courage, de la finesse et de l'audace, de la présomption et de la ténacité, une apparence de mobilité et une infatigable persévérance ; tels sont dans Rais les qualités et les défauts qui d'ordinaire se produisent ou se combattent. Mais ce qui dominait en lui, c'étaient la vanité et l'orgueil ; l'envie de faire du bruit et de forcer le monde à s'occuper de sa personne ; la passion de se distinguer, mais par des voies nouvelles, des actions éclatantes, des situations extrardinaires. Plus tard seulement survint l'ambition, plus tard aussi le désir de marcher l'égal de Mazarin et de Richelieu et d'arriver comme eux, mais promptement, aux plus hautes dignités de l'Etat ecclésiastique. Ainsi Rais, qu'on accuse à l'envi d'avoir changé du soir au matin, de s'être tourmenté par une mobilité inquiète, n'a fait, pour ainsi parler, que se continuer ; comme tous les hommes mêlés jeunes aux grands mouvements, il montre, il explique, il dévoile son caractère à mesure qu'il agit. Mais, aux jours de Révolution, quand les événements d'ordinaire si lents semblent se presser et se précipiter les uns les autres ; quand, vivant d'une vie toujours agitée, violente ou imprévue, les acteurs de ces grands drames ont besoin de secouer leur nature, d'en faire sortir des vertus ou des vices qui semblaient s'y devoir à jamais engourdir, il arrive qu'un homme se révèle tout d'un coup, ou qu'il sente et trouve en lui une audace, une habileté, une vigueur qu'il était loin d'imaginer. Il grandit à ses propres yeux, il se transforme et parait tout autre aux spectateurs étonnés, parceque, s'ignorant lui-même, il ne savait tout d'abord où son étoile le guidait, où sa fortune l'allait conduire. Rais est le héros de la Fronde et change continuellement avec elle.

Ses évolutions semblent rapides ; mais le triomphe de la révolte est si court, la catastrophe si prompte, les actes si divers en si peu de temps, qu'il est forcé de montrer presque au même instant toutes les ressources de son caractère. Il semble qu'il y ait dans Rais plusieurs hommes ; et pourtant c'est la même nature qui, au contact des événements, subit une sorte de métamorphose. Voici Rais jeune : il est galant, duelliste, historien et panégyriste des conspirateurs, conspirateur lui-même ; ce qu'il envie surtout, c'est *le poste glorieux et difficile de chef de parti* (1); aprèsles barricades, il est chef d'un parti nombreux et redouté, on le croit sans doute satisfait ; non, il va essayer de justifier et de purifier sa révolte. Il veut, comme tous les ambitieux qu'il a pris hautement pour modèles, user à son profit de la place qu'il a si audacieusement conquise ; il vise à être cardinal et premier ministre ; et, l'esprit continuellement tendu vers son but ; sans souci des moyens, on le voit par intérêt, par caprice même, s'allier tantôt à Mazarin, tantôt à Condé et rester uni à Gaston qui, sous son nom, le laissera dominer et commander en maître. On s'égare parfois au milieu de cette complication d'intrigues ; et on s'y perdrait, si on n'avait pour guide Rais lui-même, fier de montrer son talent d'agitateur, la finesse de ses manœuvres et l'habileté profonde de sa conduite ambiguë.

Ce goût de révolte, cet amour pour les conspirations, cet science de menées sourdes, de machinations souterraines, toutes ces qualités enfin d'homme de troubles, qui plaisent et séduisent dans Rais, ne sont point son apanage. Sans doute, il est le plus habile en « *cet art dans lequel l'amiral Coligny prétendait qu'on ne*

(1) Expression de Rais.

pouvait jamais être docteur (1) ; » mais, pour arriver à une finesse si consommée, il a eu des maîtres ; et ces maîtres sont longtemps restés ses rivaux. Sa nature vive, inquiète, amie de l'extraordinaire et de l'impossible, impatiente de tout joug, l'eût peut-être entraîné à la sédition ; mais l'éducation qu'il se donna, les exemples et les maximes de la société qu'il fréquenta dès sa jeunesse, décidèrent de sa conduite, de ses projets et de ses espérances.

Au commencement du XVIIe siècle, sous le ministère des cardinaux Richelieu et Mazarin, l'aristocratie française n'avait point encore courbé la tête devant le Roi ; elle ne s'était pas encore amollie dans la vie oisive de Cour, et ne perdait point son temps à disputer le pas en cérémonie ou à remplir les antichambres. Au contraire, pleine du souvenir des guerres de Religion, habituée à cette existence libre et indépendante qu'Henri IV n'avait pas eu le temps de discipliner, elle voyait avec inquiétude les progrès d'une autorité qu'elle eût toujours respectée, à condition de ne la point sentir. Comprenant vaguement que la puissance royale croissant chaque jour allait lui enlever ses plus beaux priviléges, mais ne pouvant plus comme autrefois convoquer sa nombreuse armée de vassaux, elle usait de la force et de l'énergie, que les luttes sanglantes de la Ligue avaient ranimées en elle, pour conspirer, tenter des coups de main ou faire alliance avec l'Espagne. Elle ne voyait sur les degrés du trône que de petits seigneurs ou des prélats étrangers, et, profitant habilement de cette malheureuse nouveauté, elle affectait de séparer leur autorité de celle du Roi ; puis, sous prétexte du bien public, mettait sans cesse la France en péril ou la livrait aux ennemis. Extrême en tout, elle

(1) **Expression de Rais.**

ne reculait pas, pour réussir, devant l'assassinat. Aimant le danger à cause des émotions et du plaisir farouche qu'elle y trouvait, elle s'y jetait avec une fougue vraiment chevaleresque, méprisant les rigueurs de la prison, l'ennui de l'exil et même l'ignominie du supplice. Pour justifier ses perpétuelles révoltes, elle appelait auprès d'elle quelques jeunes membres du Parlement qui, fiers d'être admis parmi les grands seigneurs, se piquaient de connaître les ressorts du gouvernement et se faisaient, par ton ou par ambition, les plus zélés adversaires, les plus mortels ennemis du Ministre. Les salons du temps étaient des écoles de politique et de conspiration ; on ne parlait que par maximes d'Etat ; on brûlait d'imiter Brutus et les héros de Corneille ; on n'avait de louanges que pour les victimes de *la détestable tyrannie de Richelieu*(1); et on réservait son admiration pour les amis de l'infortuné comte de Soissons qui, habitués à organiser des révoltes, travaillés du besoin d'intrigues, se donnaient comme exemples et comme modèles à leur cadets. On enflammait l'imagination des jeunes gens par le récit d'actions audacieuses, de prétendus dévoûments héroïques ; et on excitait entre eux cette émulation de complots qui poursuivit Richelieu jusqu'à sa mort, et qui, sous Mazarin, finit par enfanter la triste révolution de la Fronde.

C'est au milieu de cette société turbulente, indocile et factieuse que Rais veut se produire et s'illustrer ; mais comment le faire *avec une soutane ?* (1) Dès sa jeunesse on l'a destiné à l'Eglise ; son père, homme pieux mais aveuglé par la piété, l'a mis entre les mains de Saint Vincent de Paul ou de M. Vincent, comme on l'appelait alors : on croit par l'éducation et l'influence de l'exemple adoucir ou réformer son caractère. Vains

(1) Expression de Rais.

efforts! galanterie, débauches, duels, aventures de grand chemin, coups d'épée donnés et reçus : telle est la vie de Rais et l'occupation de sa jeunesse, telle sa manière de se préparer à l'Etat ecclésiastique. La fortune est pourtant plus forte que sa volonté. On ne veut pas que l'archevêché de Paris sorte de la famille ; Rais sera abbé quoi qu'il fasse. Il tourne aussitôt son activité vers un autre but. Il lui faut du bruit, de l'éclat ou du scandale ; il aime la lutte et ses hasards, les recherche et semble s'y complaire ; il va donc disputer en Sorbonne. Là les débats intéressent et agitent toujours les esprits ; là il y a combat, incertitude du triomphe, gloire et renommée pour le vainqueur ; enfin, derrière ses rivaux, Rais croit apercevoir Richelieu lui-même. Sa vanité est flattée de se mesurer contre le tout-puissant ministre et de lui disputer la palme théologique ; aussi annonce-t-il hautement la résolution de reprendre *les errements* (1) du cardinal. Une pareille témérité méritait châtiment. Richelieu se contente de railler le jeune audacieux ; et, comme il sait qu'il se pique surtout de galanterie, il s'amuse, pour humilier son orgueil, à lui enlever l'affection de sa parente, la maréchale de la Meilleraye. Rais frémit ; son ressentiment n'a plus de bornes, sa colère plus de frein : avec la Rochepot, son cousin, il complote d'assassiner le cardinal. Ce projet étrange était-il bien sérieux, et Rais, pour se venger, foulait-il aux pieds morale et scrupules ? La Rochefoucauld ne le croit capable ni de haine, ni d'amitié, et assure qu'il n'a jamais eu que des dehors et de l'apparence. Pourtant, quand on se rappelle le nom de ceux qui étaient entrés dans le complot, leurs mœurs, leurs habitudes ; quand on songe que Rais venait de traduire à sa fantaisie le livre de la conjuration

(1) Expression de Rais.

de Fiesque, on ne peut méconnaître qu'il n'eût pas hésité devant le meurtre d'un prélat. Il est vrai qu'il étale en ses Mémoires des remords tardifs ; mais, dans l'effervescence de la jeunesse, il eût cru son action justifiée et honorée par le péril. Voilà le début de Rais, son coup d'essai, la première application des théories qu'il méditait depuis longtemps. En effet, dès son enfance, l'imagination remplie de vastes pensées, il n'avait étudié l'antiquité que pour y chercher des encouragements à ses desseins, des exemples de fortune et d'audace couronnée de succès ; il avait lu Salluste et Plutarque, et, avant d'imiter leurs héros, pour conspirer avec plus d'art, il s'était fait à son tour, à peine âgé de dix-huit ans, l'historien et le panégyriste d'un grand conspirateur, de Jean Louis de Fiesque. On dirait qu'il a voulu de toutes façons essayer son génie, et nous donner en quelque sorte la préface de ses Mémoires.

C'est un remarquable début d'éloquence que cette histoire du comte de Lavagne. On s'étonne même qu'un jeune homme, encore dans l'adolescence, ait osé raconter, expliquer, justifier de tels projets ; mais l'étonnement redouble, quand on lit cette œuvre singulière. On est frappé de la précoce justesse de certains aperçus, de l'éclat des comparaisons, surtout de la force et de la vigueur des maximes. Sans doute, l'imitation des historiens anciens, de Salluste surtout, déborde de toutes parts ; mais ce qui appartient en propre à Rais, c'est une espèce d'affectation de scepticisme, l'absence de toute haine et de toutes passions généreuses. Il est froid, indifférent pour le bien et le mal, sans pitié pour ceux qui tombent et même pour le jeune téméraire dont il raconte l'histoire ; il n'a d'éloges que pour le triomphe, d'estime que pour le succès. On pressent déjà l'ambitieux qui, lancé à la recherche du pouvoir, ne connaîtra point d'obstacles, et croira tout illustrer, tout purifier par la victoire.

Mais, dans cette œuvre de jeunesse, si l'on découvre les germes d'un caractère qui va se développer avec éclat, on peut aussi prévoir quelle sera la conduite politique de Rais, quand sa fortune l'amènera au milieu des troubles et des révolutions. Ce n'est pas par spéculation pure qu'il critique les principes et les actes de ceux qui se sont mêlés au grands mouvements, il s'est toujours cru appelé à remplir un premier rôle ; aussi se prépare-t-il de bonne heure à soutenir le personnage qu'il rêve et que son imagination ne cesse de caresser. Ne croirait-on pas voir un raccourci des manœuvres de Rais dans ces reproches qu'il a su éviter, mais qu'il ose d'avance adresser aux conspirateurs ? « Ils ne songent pas d'asssez loin, écrit-il, à disposer toutes leurs actions pour la fin qu'ils se sont proposée, à conduire tous leurs pas sur le plan qu'ils ont formé une fois, à s'établir un fonds de réputation, à s'acquérir des amis et faire enfin toutes choses en vue de leur premier dessein. » Ce sont là, quand la triste mort du comte de Soissons eût dissipé ses illusions d'orgueil et ses rêves de puissance, ce sont là ses occupations, et c'est par elles qu'il s'abitue au métier de conspirateur et d'intrigant. On le croit pourtant tout entier aux devoirs de son Etat, tout dévoué à sa dignité de Coadjuteur, parce qu'il n'a pu ou n'a voulu se mêler à la cabale des Importants ; bien plus, on oublie jusqu'à ses écarts de jeunesse, et on s'imagine qu'il est enfin corrigé parce qu'il a su attendre. — Il n'attend pas longtemps.

Paris s'est tout-à-coup soulevé au nom de Broussel ; douze cents barricades se sont élevées en deux heures, et cent mille hommes armés viennent demander au Palais Royal la liberté du *vieillard follement entêté du bien public* (1) : alors apparait pour adoucir les esprits, calmer la sédition et essayer sur le peuple l'ascendant de sa dignité, un homme, qui semblait depuis longtemps ne demander la célébrité qu'à la prédication et à l'aumône, mais qui, ami des troubles, désireux de se mêler aux affaires, tourmenté du besoin d'agir, voulait avant tout se distinguer de ceux de sa profession et acquérir la renommée par des moyens inusités aux archevêques et aux cardinaux. C'était Rais qui sortait enfin de son cloître, essayait les projets qu'il avait si laborieusement formés et donnait un libre cours à sa mobile humeur, avide de dangers, de succès et de gloire. Pour lui le moment est en quelque sorte solennel. Sera-t-il le défenseur de la Reine ou un nouveau tribun du peuple ? Il l'ignore encore ; mais l'imprudente colère d'Anne d'Autriche, son audace ignorante et railleuse le décident aussitôt. C'est avec émotion, c'est avec un certain tressaillement qu'on assiste à cette longue délibération de Rais avec lui même, où il semble, comme il le dit, se développer, tantôt flattant tous les caprices de son imagination, tantôt cherchant de légitimes excuses à ses desseins ambitieux, jusqu'à ce qu'il ait enfin pris sa résolution. Alors naît, grandit et s'achève presque en une seule nuit le chef de parti, l'artiste en intrigues, l'habile organisateur d'émeutes, Rais, en un mot, tel qu'on le connait et le juge d'ordinaire, tel que nous essayons ici de l'expliquer et de l'apprécier.

Pourtant, si l'on en croyait Rais, il ne se serait fait chef du mouvement que par amour du bien public, par haine pour un ministère qui foulait aux pieds nos

(1) Expression de Madame de Motteville.

plus saintes coutumes, les lois les plus antiques et les plus révérées de la monarchie. Comme s'il rougissait de n'avoir eu autrefois pour mobiles que les plus mesquines passions, il compose son rôle en ses Mémoires et essaie d'en imposer à la postérité. Dans des pages justement célèbres et écrites avec ce style sobre et net dont Rais souvent peut donner le modèle, il nous trace à grands traits l'histoire de la Royauté, nous montre son autorité croissant de siècle en siècle et *absorbant, pour ainsi parler, jusqu'à la substance des peuples* (1). Ce n'est pas contre les Rois qu'il fait éclater son indignation, on avait alors trop de respect pour leur personne ; c'est contre les ministres dispensateurs de leur puissance et prenant plaisir à en abuser. Mais ce ne sont là que des incriminations générales, sans preuve, sans appui. Qu'on presse Rais, qu'on ne se laisse pas séduire à son éloquence ; qu'on creuse ce qu'il veut dire, et on ne pourra ni comprendre les reproches qu'il adresse à Richelieu, ni s'expliquer des vues politiques qu'on a trop vantées sur ouï-dire. Que trouve-t-on dans Rais ? ce qu'on trouve dans Saint Simon, des hyperboles magnifiquement exprimées. Il nous dit que « Richelieu forma dans la plus légitime des monarchies la plus scandaleuse et la plus dangereuse tyrannie qui ait jamais asservi un Etat » ; il nous parle du « sage milieu que nos pères avaient trouvé entre la licence des Rois et le libertinage des peuples ; » mais jamais il n'est plus précis et plus clair. Il veut bien encore reconnaître des droits au Parlement et aux Etats-Généraux ; mais il ne sait ni montrer l'influence lentement usurpée par une compagnie de gens de loi, ni expliquer le rôle de nos assemblées nationales. Ainsi, au lieu de principes fixes et arrêtés, des accusations

(1) **Expression de Rais.**

toujours vagues et incertaines. Pourquoi du reste parler de droits qu'il n'est pas lui-même disposé à défendre, de lois auxquelles il est loin de songer, quand, pour se venger du mépris insultant de la Cour, il se fait frondeur et chef de parti ?

Heureusement, quand on étudie Rais dans ses Mémoires, on a l'avantage de n'être pas longtemps ébloui par l'éclat des maximes d'État, qu'il fait briller avant d'entrer en scène et de commencer la comédie de la Fronde. C'est qu'il est une gloire que Rais préfère à toutes les autres, celle d'agitateur et de tribun du peuple ; il est un surnom dont il se montre jaloux depuis son enfance, celui de petit Catilina ; enfin il souhaite avant tout d'être l'âme et le chef d'un parti. Aussi, à peine vient-il de nous exposer ses théories politiques, qu'il semble nous avertir lui-même que tout cela n'est qu'un jeu de son esprit et une spéculation de philosophe. « Je voyais, écrit-il après les Barricades, la carrière ouverte pour la pratique aux grandes choses dont la spéculation m'avait beaucoup touché dès mon enfance ; mon imagination me fournissait toutes les idées du possible et mon esprit ne les désavouait pas. » Et plus loin : « Je permis à mes sens de me laisser chatouiller par le titre de chef de parti que j'avais toujours honoré dans les vies de Plutarque ; mais ce qui acheva d'étouffer tous mes scrupules fut l'avantage que je m'imaginai à me distinguer de ceux de ma profession par un état de vie qui les confond toutes..... les vices des archevêques peuvent être en une infinité de cas les vertus d'un chef de parti. » Il est assez de citations. Qui pourrait, après une telle confession, croire au désintéressement de Rais, à ses principes, à son amour du bien public ? S'il n'avait remué le peuple que pour forcer le ministre à accorder des libertés qu'il ne sait pas même définir ;

s'il n'avait voulu user de son crédit que pour soulager le bourgeois des impôts qui l'écrasaient, il se fut accommodé lors de la paix de Ruel. Alors la Reine cédait, le parlement avait dans le gouvernement ce qu'il appelait sa légitime part d'influence ; les tailles étaient diminuées, l'amnistie complète, les chefs de la noblesse récompensés de leur révolte. Pourquoi donc Rais veut-il rester audacieusement sur la défensive, et proclame-t-il qu'entre lui et la Cour toute réconciliation est impossible ? Il a été l'âme de la rébellion et il n'a rien retiré de ses manœuvres ; le calme va succéder à la tempête, et il ne sait s'il pourra, comme autrefois, voiler le scandale de ses tristes débauches ; enfin il a compris que la paix n'était qu'une trêve ; il se voit d'un rang obscur élevé au premier rang, s'aperçoit qu'il est à son tour à la tête d'un parti redoutable et qu'il peut aussi jouer un rôle important ; alors il a de nouvelles vues, des desseins plus vastes, une plus haute ambition.

Si l'on pouvait assigner une date précise aux transformations successives de l'homme, on dirait qu'à ce moment seul Rais commence de désirer le pouvoir. Ce n'est en effet qu'après la paix de Ruel qu'il songe à profiter du mouvement public pour acquérir une autorité, qu'il combat uniquement parce qu'il ne la tient pas. Il se fait le mortel adversaire de Mazarin, mais afin de le chasser et d'occuper à son tour le poste de premier ministre ; ce poste semble être le privilége de la pourpre ; il faut que Rais soit d'abord cardinal : n'a-t-il pas, du reste, assez de confiance en son étoile pour espérer que la fortune le favorisera jusqu'au bout ? Ambitieux, il se hâte sans doute d'oublier ses habitudes de dissipation et de se défaire des vices de sa jeunesse ; sans doute, comme autrefois, il ne se complait plus dans les troubles? Non, non ; il ne peut ainsi dépouiller le vieil homme. Mais on le voit tourner désormais vers un seul but toute l'activité de son intelligence ; on le voit dans un dessein unique user de toute son expérience d'intrigues et montrer ses plus audacieuses finesses ; et même, pour arriver à ses fins, il ne craint pas d'essayer la séduction de son esprit et de ses conversations galantes. C'est alors qu'on peut, pour ainsi parler, se donner le spectacle de Rais et de ses nombreuses évolutions. A ne considérer que ses menées et ses manœuvres habiles, à ne remarquer que l'étrange complication d'évènements qui arrivent presque à sa fantaisie, on est près de l'absoudre à force de l'admirer ; mais, quand on pense à sa stérile ambition, quand on s'aperçoit que le peuple entre ses mains n'est qu'un jouet et qu'un instrument, peut-on hésiter à le condamner? Pourtant il n'est besoin ni de tant d'indulgence, ni de tant de sévérité. Rais, malgré la singularité de son caractère, ne montre que les qualités et les défauts de son temps. S'il se joue du peuple, si, pour s'élever sans cesse, il s'en sert comme d'un marche-pied, croit-on que Mazarin, Condé ou Anne d'Autriche, que Turenne lui-même en ait grand souci ? L'on craint un peu le bourgeois, on le flatte, on le caresse dès qu'on a besoin de son argent ; mais ce que Rais appelle le public, on ne s'en inquiète que pour asseoir les tailles, il fait nombre et rien de plus. Veut-on reprocher à Rais ses perpétuelles variations, ses continuels changements, ses alliances aussitôt rompues que nouées ? mais il ne fait qu'imiter Condé et Mazarin. Comme eux, il n'a en vue que son intérêt, le triomphe de son parti ; et, pour arriver, il ne connait comme eux ni scrupules, ni obstacles. Une seule chose le distingue. Soit fidélité aux particuliers, comme le dit Bossuet ; soit facilité de caractère ou audacieuse confiance en son génie, il ne trahit jamais le premier ; on lui doit cet éloge : il semble qu'au milieu du désordre il veuille au moins se donner la gloire ne n'avoir jamais manqué ni à sa parole ni à l'honneur. Mais pourquoi dans l'histoire Rais n'occupe-t-il point un rang aussi élevé que celui de ses adversaires ? La faute en est un peu à la fortune. Il ne reste du célèbre coadjuteur que l'ambitieux à la recherche du pouvoir ; on ne peut savoir s'il se fût dans la puissance montré le digne rival de ceux qu'il attaquait. Il est triste pour lui qu'il n'ait pu arriver au pouvoir, objet constant de ses désirs et de ses manœuvres ; le ministre eût peut-être fait oublier le factieux. Mais il a succombé au milieu de la lutte, a survécu à sa défaite, et, après de longues années d'exil, a été, par l'inclémence de la fortune, forcé de se soumettre et de s'humilier : il porte donc la peine de son malheur et d'une réputation qu'il n'a peut-être que trop méritée.

Pourtant, il faut lui rendre cette justice qu'il ne négligea rien pour arriver en toute hâte ; il chercha la victoire par toutes sortes de voies, demanda le succès à tous les moyens, et jamais, jusqu'au jour de son arrestation, ne donna de repos à sa nature ambitieuse et remuante. Maître du peuple pour lequel il s'était d'avance ruiné en aumônes, sûr de l'appui du clergé, dont il s'était fait dans les assemblées le défenseur intrépide, il usait en même temps, pour parvenir à ses fins, de son crédit dans le public, de son influence dans le Parlement, de l'autorité de sa parole dans la chaire sacrée, surtout de l'agilité de son esprit inépuisable en ressources. Faut-il au commencement de la guerre civile relever le courage des bourgeois ? il prêche la soumission à la volonté de Dieu dans les dures nécessités d'une juste guerre. Faut-il ramener à soi les esprits égarés à la vue de leur archevêque accusé du meurtre d'un prince ? il compose un sermon sur la charité, et, par cette audacieuse ironie, fait pleurer l'assistance sur le malheur de sa situation. Il est besoin de repousser au Parlement les accusations de Condé, de répondre aux habiles réquisitoires de Mazarin ; des discours sobres, nets, incisifs et tranchants étonnent et entraînent les vieux conseillers habitués aux longues périodes et aux mouvements emphatiques d'Omer Talon. On a voulu commencer la guerre de libelles ; mais, dans un combat de plume, qui peut disputer la palme à Rais ? logique et passion, raisonnements vigoureux et ironie accablante, plaisanteries qui tuent ; il n'oublie rien de ce qui peut faire impression dans les esprits et ruiner un parti qui ne connait pas sa faiblesse. Il a su se faire pamphlétaire, il sait encore mieux organiser les émeutes. La Cour a refusé ses services le jour des Barricades : l'émotion du lendemain, suscitée en une seule nuit, montre assez son talent d'agitateur et sa science d'intrigues. En veut-on une autre preuve ? Qu'on se rappelle les manœuvres employées pour amener Gaston à approuver et justifier jusqu'à l'arrestation de la Reine. Peut-être que le courage personnel manque à Rais ? mais n'a-t-il pas l'audace de disputer le pavé à Condé, de donner lui-même le mot d'ordre pour livrer bataille au sein du Parlement, et, quand au Luxembourg une troupe de séditieux vient demander sa tête, hésite-t-il un moment à paraître, et ne doit-il pas son salut à sa seule intrépidité ? Tallemant des Réaux ne peut s'empêcher sur ce point de lui donner même des louanges ; il avoue qu'il n'est pas moins vaillant que M. le Prince.

Avec tant de qualités et de défauts réunis à la poursuite d'un même but, avec de pareils moyens de succès, comment Rais a-t-il pu succomber ? N'en accusons point trop son inconstance ou sa précipitation présomptueuse. Il trouvait partout sur sa route des adversaires dignes de lui : à Paris, Condé et ses nombreux partisans; au Parlement, Molé; Mazarin auprès d'Anne d'Autriche. S'ils n'avaient point ses finesses d'intrigant, son génie de tribun du peuple, ils lui opposaient ou l'éclat de nombreuses victoires ou un courage à toute épreuve, ou bien encore une patience infatigable jointe à une inébranlable fermeté. Dans la Grand' Chambre Rais ne craignait que Molé : sans lui, tous ses actes eussent été approuvés, consacrés en quelque sorte par l'appui des magistrats ; sans lui, assisté de *la sainte cohue des Enquêtes*, (1), il eût tout fait plier sous sa volonté. Mais Molé, sincèrement dévoué à la Cour, sans pourtant trahir jamais pour elle les intérêts de sa compagnie, calmait par sa seule présence la tumultueuse faction du coadjuteur et imposait aux mutins les plus résolus. Ferme et intrépide, rien n'altérait la sérénité de son visage : ni les insultes des jeunes conseillers, ni les menaces d'une populace soudoyée, ni le poignard d'assasins à gages. Toutefois, sous ces dehors sévères, Molé cachait une souplesse qui a échappé aux plus clairvoyants. Quoiqu'il gourmandât sa compagnie, il se gardait bien de la heurter de front ; et même, pour la mieux gouverner, il la suivait jusque dans ses écarts, quand malgré tous ses efforts il ne l'avait pu retenir. Il voulait à tout prix conserver l'influence attachée à sa dignité ; et, dès qu'il eut deviné Rais et surpris le but de ses intrigues, il usa de tout son crédit et de toutes ses forces pour ne pas élever à ses dépens au ministère un prélat ambitieux et inquiet. A demi vaincu au Parlement, Rais était plus heureux dans sa lutte avec Condé. Le jeune prince, en effet, donnait beau jeu à ses adver-

(1) Expression de Rais.

saires. Altier et orgueilleux, incapable de souffrir de rival, il s'abandonnait inconsidérément à sa fougue, à sa colère, à son goût effréné pour la raillerie. Habitué à la vie libre et indépendante des camps, il ne respectait rien, voulait tout gouverner en maître et ne souffrait un premier ministre que pour le voir son humble serviteur. La fortune avait gâté son génie. Elevé au dessus de l'humaine nature par les triomphes de sa jeunesse, il affectait le plus singulier mépris pour tout ce qui ne portait pas l'épée; et pourtant, tourmenté par l'ambition et l'avidité, il voulait se mêler aux affaires, mais sans idées arrêtées, sans vues fixes, sans suite dans sa politique. Il acheva de s'égarer dans les intrigues et les émeutes, jusqu'à ce qu'un destin malheureux l'eût, malgré son inclination, précipité dans la guerre civile. Mais, quoi qu'il pût faire, il avait, pour racheter ses défauts, le prestige de son nom et de sa gloire, la renommée de sa bravoure et de son intrépidité; et Rais risqua plus d'une fois sa vie, quand il voulut audacieusement lutter contre celui qui ne connaissait que la victoire. Ce n'était pourtant ni Condé ni ses violences que Rais redoutait; il se sentait assez courageux pour les affronter ou assez habile pour s'y soustraire; ce n'était pas non plus Chavigny malheureuse créature de Richelieu et tardif conseiller de M. le Prince; ce n'était pas même Châteauneuf, vieillard vigoureux et plein d'ambition, ferme, décisif, rompu aux affaires et secrètement le plus grand ennemi de Rais, parce qu'il visait au même but et le poursuivait avec autant d'ardeur, d'habileté et de souplesse: celui que Rais a toujours craint, tout en affectant de le mépriser, celui dont il s'est montré le mortel ennemi, pour lequel il n'a cessé d'être injuste, c'est Mazarin. C'est que Rais, si fin politique, si adroit intrigant, a été vaincu sur son propre terrain; il a joué, surpris, accablé par *le sicilien* ; (1) comment pardonner un pareil outrage ? On ne veut se faire ici ni le panégyriste ni le détracteur de Mazarin : comme homme privé, il mérite peu d'éloges ; comme ministre, il a eu le malheur de ne songer qu'à sa fortune et de chercher à corrompre par le charme de l'intérêt les plus heureuses natures; mais diplomate éminent, temporisateur habile, portant avec un incroyable facilité le poids d'un gouvernement qu'il voulait diriger dans tous ses détails, il a la gloire d'avoir attaché son nom aux deux plus grands traités du XVIIe siècle ; enfin il a montré dans les difficiles complications de la Fronde un incontestable talent de négociateur ; et, dans l'adversité, sa rare fermeté d'esprit, son infatigable patience lui ont, parmi les hommes politiques, assuré la haute place que la postérité lui conserve. En présence d'adversaires aussi résolus ou aussi calmes, que pouvait Rais, même avec ses amis ? Encore s'ils lui étaient restés fidèles ! Mais le duc de Beaufort, qui n'avait de mérite que ses longs cheveux blonds, son étrange langage et son audacieuse évasion de Vincennes, le trahit dès qu'il le crut perdu ; et Madame de Chevreuse, qui, au début, lui apporta avec une audace toute virile l'expérience d'une vie trop agitée, l'abandonna, dès que Mazarin lui accorda ce que la fortune du coadjuteur ne lui offrait qu'en espérance. Rais devait-il compter sur Gaston ? mais qui ne connait ce prince vaniteux et timide, prêt à entrer dans toutes les révoltes, plus prompt encore à s'en retirer, traitant sans cesse avec tous les partis et toujours accessible à la peur ? La peur était en effet l'unique mobile de ses actions ou plutôt de ses commencements d'action ; car il était si indécis et si flottant qu'il le fallait surprendre, et, sans le laisser

(1) Expression de Rais.

réfléchir, l'entraîner à l'exécution. Rais d'ailleurs pouvait-il ignorer sa lâcheté et son égoïsme ? pouvait-il oublier qu'il avait porté malheur à tous ses amis ?

On se demande souvent, en lisant les Mémoires de Rais, comment, à la fin de la Fronde, au milieu d'agitations aussi stériles et de si petites rivalités, il ne s'est pas hâté de quitter la scène et de rentrer avec l'éclat de la pourpre dans les devoirs de son ministère ? Hélas ! on ne peut nier qu'il n'eût des défauts et des vices qu'on voudrait taire en un prince de l'Eglise. « Il n'y a que les âmes fortes, dit Madame de Sablé, qui sachent se dédire et abandonner un mauvais parti. » Rais n'était point de ces âmes fortes ; il avait plus d'audace que de fermeté et plus d'ostentation que de vrai courage. Sans parler des habitudes de dissipation qu'il ne pouvait satisfaire qu'au milieu des désordres et de la confusion des troubles, il aimait trop les émotions de la lutte, les hasards d'une situation désespérée, en tout l'extraordinaire pour se plier aux nécessité de la vie commune et aux calculs d'une timide prudence. Mais la vraie cause de sa perte et peut-être aussi de la persévérance de sa haine fut un défaut plus triste encore, parce qu'il avait une apparence de grandeur : ce fut sa vanité. Il n'hésita pas à sacrifier ses plus solides intérêts à des pointilles de gloire. Il nous le dit lui-même, après avoir longtemps essayé de justifier son fol entêtement par la considération et l'intérêt de ses amis. « Mon orgueil, écrit-il, eût eu peine à souffrir que l'on eût cru que j'eusse quitté le pavé à M. le Prince. » Aveu malheureux et qui nous force d'accepter sans restriction le jugement de Joly. « Rais, dit son ancien domestique, se perdit par présomption; il croyait que la Reine n'oserait pas le faire arrêter, la chose étant sans exemple et d'une périlleuse conséquence dans la conjoncture des affaires présentes. »

D'ordinaire on quitte Rais aussitôt qu'il disparait de la scène politique, et on laisse s'éteindre dans l'ombre et le silence celui qui, au moment de la Fronde, joua un rôle si brillant. Mais c'est connaître Rais à demi que de se priver du spectacle de son exil et de sa lutte avec Mazarin tout puissant. Dans l'adversité seulement, l'homme énergique déploie toute sa force, et donne carrière à ses vertus ou aux passions généreuses qui tiennent si souvent lieu de vertus. Chez Rais une passion unique fut, aux jours de malheur, le mobile de tous ses actes et de sa résistance désespérée. Peut-être n'est-ce pas la vanité seule qui le porta à se faire chef de parti et à garder malgré Condé, malgré la Reine ce poste inquiétant ? Mais à coup sûr c'est la vanité seule, c'est un indomptable orgueil qui l'empêcha de se soumettre et de courber la tête devant un ministre qu'il méprisait. Il préféra quitter Rome, abandonner une société qu'il avait éblouie par l'ostentation de son audace ; il aima mieux, lui si désireux de renommée et de gloire, se condamner à une vie humble, obscure et errante que de paraître vaincu par la Fortune et assez abattu pour demander pardon. La Rochefoucauld prétend que la paresse seule l'a soutenu pendant les longues années de son exil ; mais il faut se méfier d'un pareil jugement, et Bossuet semble mieux l'avoir deviné, quand il nous le représente « menaçant seul le favori victorieux de ses tristes et intrépides regards. » Peut-être que, retiré à Commercy ou à Saint-Mihiel, loin du bruit et du commerce du monde, il tâcha enfin de se faire oublier: non, il était trop avide de réputation pour s'ensevelir ainsi dans l'obscurité. Auparavant, pour tenir Paris en haleine, il n'avait pas cessé de harceler Mazarin par des mandements pleins d'âpreté et de violence ; dans sa retraite il demanda la célébrité à tous les moyens: aux affaires de Rome, au paiement de ses dettes, à l'extrême simplicité de sa vie, puis à un excès d'humilité orgueilleuse; car ce n'était que pour occuper la renommée qu'il tenta de laisser une dignité, qui lui avait coûté tant de travaux et de peines. Enfin, dernier trait du caractère de Rais, quand il ne trouva plus d'aliment à sa vanité, quand il put s'apercevoir du néant de sa vieillesse, il se réfugia en quelque sorte dans ses souvenirs, ne vécut que de sa vie passée, et flattant son orgueil du rôle brillant qu'il jouait autrefois, il composa l'histoire de sa vie. Là il retrouva toute l'activité, toute la vigueur, tout le feu de sa jeunesse. Sans se soucier de la postérité, il ne songea qu'à paraitre aux dépens de ses contemporains, et, racontant avec une aisance du plus haut ton les histoires les plus scandaleuses, il sembla ne s'inquiéter en aucune façon de la renommée d'écrivain. Il s'imaginait avoir assez empli la scène du monde pour n'avoir pas besoin d'une si mesquine recommandation ; et il ne prévoyait pas que le temps, dont le jugement trompe souvent le nôtre, ne lui accorderait de gloire sans conteste que celle qu'il a, en grand seigneur du XVIIe siècle, si injustement dédaignée.

Ainsi on n'a pas tenu compte à Rais de ses longs et pénibles travaux d'ambition, et on lui sait gré du malin plaisir qu'il a causé à Madame de Caumartin, en racontant sans ménagement pour les autres et pour lui-même le drame de sa vie aventureuse. Et pourtant ne devait-il pas se croire né pour gouverner les choses du monde et emporter dans la tombe la consolation de l'immortalité ? On se le rappelle : à une naissance illustre il joignait l'éclat des alliances les plus honorables et le souvenir des plus hautes dignités de l'Etat. S'il était petit et mal fait, sa figure rachetait tout le reste ; elle respirait l'audace, l'ambition et la ruse ; des yeux qui pétillaient et lançaient des éclairs ; une bouche impérieuse et les plus belles dents du monde entre deux lèvres plissées pour le sourire plaisant et moqueur. Un visage qui promettait un esprit si singulier ne trompait guère. L'ambition la plus vaste et la plus insatiable, le désir toujours inassouvi de se distinguer ou plutôt de se singulariser ; l'orgueil le plus extrême, la vanité la plus ancrée, une confiance extraordinaire en son génie et en sa fortune; une imagination surprenante, mais trop amoureuse de l'infini et de l'impossible ; l'audace la plus téméraire, l'habileté la plus consommée ; un art des intrigues souterraines, des menées sourdes, des machinations perfides, des coups de main hardis pour arriver à son but ; enfin la prudence la plus circonspecte, le plus grand sang froid, la plus étonnante facilité à trouver des ressources au milieu des dangers. A de si grandes qualités pour un ambitieux, à des manières si nécessaires pour éblouir les simples et les entraîner, il joignait quelques vertus et des vices que la vanité des hommes fait passer pour vertus. On peut rappeler son caractère. Ce qui surnageait en lui, c'étaient la vanité et l'envie de dominer; et, pour y parvenir plus sûrement, pour s'attirer un plus grand nombre de partisans, il se piquait de tenir sa parole et d'être pour ses amis un protecteur et un frère. Vrai citoyen de Sparte en apparence et amoureux du bien public, il affectait le plus entier désintéressement. Il recherchait toutes les gloires, tous les moyens d'arriver à la renommée, sans se soucier des biens de la fortune. Il se faisait théologien pour lutter contre Richelieu ; prédicateur, pour s'assurer de l'esprit de ses paroissiens ; orateur pour dominer par son éloquence impérieuse les vieux conseillers blanchis dans les formes du Palais; pamphlétaire, pour accabler sous le ridicule ceux qu'il n'avait pas la force d'écraser. Il prenait en main les intérêt du clergé, afin de se faire au besoin appuyer par ce corps redoutable ; il prodiguait les aumônes, afin d'avoir à ses ordres dans la capitale une troupe nombreuse de séditieux ; il favorisait les gens de lettres, afin de rappeler à leur mémoire le souvenir chéri de Richelieu et de décréditer l'avarice de Mazarin ; il se faisait le serviteur du duc d'Orléans, afin de le dominer à son insu, et, sous le masque du dévoûement, de marcher plus sûrement au pouvoir ; enfin, sans scrupule de manéges qui pouvaient pousser, il trouvait crédit et ressources jusque dans ses galanteries. Habile à brouiller les espèces, incapable de modérer l'excès de ses plaisirs ; il avait assez de souplesse pour jouer au même instant tous les rôles : prêtre ferme et instruit avec ses curés et ses chanoines, tribun du peuple avec Beaufort, chef de parti contre Mazarin et Condé. Au milieu d'un assemblage si divers, de qualités si étonnantes et parfois si contradictoires, une implacable finesse à cacher jusque dans ses Mémoires le véritable but de ses intrigues : tantôt ne voulant avoir que l'honneur d'être employé à la paix générale ; tantôt désirant être chef de parti, mais pour se distinguer de ceux de sa profession ; d'autres fois, toujours serviteur de la Reine, mais ennemi de Mazarin, ne faisant la guerre civile que pour empêcher Condé de devenir maitre et rendre à Gaston sa légitime influence. Voilà l'homme public. En particulier, de la plus grande aisance, de la familiarité la plus honnête et la plus noble, d'une exquise politesse ; toujours attentif à faire à chacun sa part ; mesurant ses hommages, mais exigeant qu'on lui rendit avec usure ce qu'il savait donner au plus humble ;

une conversation gaie ou sérieuse et toujours pleine de sel ; aimant la plaisanterie ; cachant quelquefois ses plus graves projets sous des apparences frivoles; avant tout, désirant paraître, se faire aimer, rechercher, prôner, et n'oubliant en un mot rien de ce qui le pouvait mener à ses fins. Et pourtant Rais a échoué. C'est qu'il ne possédait pas tout ce qu'il faut à l'ambitieux. Il était trop pressé d'arriver au pouvoir; il n'avait pas cette infatigable patience qui a donné à Mazarin une place si belle parmi les politiques ; il ne savait modérer ni la hauteur de ses ressentiments, ni les élans de sa colère ; il n'avait pas appris à boire la honte d'un refus, à souffrir sans se plaindre l'injure dont on ne peut se venger; il s'abandonnait trop témérairement à son goût pour la raillerie et aux humeurs d'un caractère orgueilleux et facile, galant et vaniteux : pour tout dire, il était trop jeune encore, et n'avait, malgré sa suffisance, ni la force d'esprit ni l'expérience qui donna par exemple à Madame de Chevreuse une continuelle vie d'agitations et d'intrigues. S'il eût pu se relever de sa chûte, on eût sans doute vu tout ce dont était capable un génie si singulier. Mais il était arrêté qu'à part la pourpre Rais n'aurait que des espérances. Il se consola de ses malheurs par le souvenir des luttes de sa jeunesse ; et, sans se douter de ce qu'il faisait pour ceux qui le voudraient étudier, il entreprit des Mémoires qui seuls suffisent à sa renommée et à sa gloire. Eux seuls, en effet, permettent de connaître et d'apprécier cet ambitieux si diversement jugé. Par eux on a pu montrer à nu l'homme privé et l'homme public ; par eux aussi on va essayer de mesurer à sa juste valeur le talent et le mérite de l'écrivain.

FIN DE LA PREMIÈRE PARTIE.

SECONDE PARTIE.

Pour juger le génie politique de Rais, on tient d'ordinaire peu compte de son jeune âge et des longues années de sa retraite : on se contente d'étudier l'homme de la Fronde ; on n'est pas moins exclusif, quand on veut assigner au Cardinal le rang qui lui est dû dans l'histoire de notre littérature. On ne se souvient que de ses Mémoires, un peu de la conjuration de Fiesque ; et on néglige, faute de les connaître, d'autres œuvres moins remarquables, mais tout aussi dignes d'attention, parce qu'elles nous révèlent le caractère du personnage, et qu'on y voit percer sa passion dominante, la vanité qui donne à son langage tant d'attrait, d'originalité et de vigueur.

On sait que Rais prêcha et avec éclat. Il était, dit-on, recherché et applaudi ; on le croit sans peine, surtout si, lisant ses sermons, on les compare à ceux du temps. Peut-être même se fût-il élevé au premier rang des prédicateurs, si, au lieu de la passion des affaires et du bruit, il eût eu la foi profonde d'un Bourdaloue ou la conviction ardente d'un Bossuet. Et pourtant, c'est le désir de se mêler aux choses d'État, qui, paraissant jusqu'en ses sermons, leur donne à nos yeux un attrait si singulier. Sans doute, il ne faut pas que la Religion prête sa voix aux intérêts et à l'ambition des Politiques ; mais on pardonne presque à Rais, quand on le voit si hardiment profiter de l'impunité de sa parole pour juger et condamner le présent. « Soulagez votre peuple, dit-il au Roi la veille de la fête de Saint Louis (1), conservez ses franchises, et qu'on ne puisse se persua-

(1) 24 août 1648.

der qu'on vous plaise en faisant des injustices pour votre service.»Et ailleurs, lors de la première guerre de Paris : « Il faut (1) , dit-il , recevoir avec humilité les afflictions de la main de Dieu, principalement en ce temps de tribulations, dans lequel les peuples sont obligés de prendre les armes contre un étranger qui usurpe l'autorité royale. » L'audace n'est point cependant le seul mérite des sermons de Rais ; on y trouve de grandes qualités d'écrivain. Le style est clair, sobre et net ; point de grâces, mais une sorte de fierté hautaine, rare dans la chaire, avec une parole incisive et tranchante, quelquefois rude et âpre. Rais ne recherche point la période, ne s'égare pas, comme ses contemporains, dans les citations profanes, et ne va pas, comme eux, emprunter à tout propos des comparaisons aux astres : son bon sens, la pureté naturelle de son goût le préservent d'un pareil travers ; si l'on excepte les sermons du P. Sénaut, on ne peut guère, avant nos grands prédicateurs, trouver dans la chaire une éloquence plus ferme et plus mesurée.

Mais ce qui distingue les sermons de Rais, les anime et leur donne la vie, c'est l'orgueil de ce politique prédicateur. La joie de parler en maître, de se voir le représentant du Dieu vivant, donne à sa voix un accent de grandeur, de majesté, de dédaigneuse hauteur, qu'on ne trouve chez nul autre au même point. Bossuet ne craint pas, il est vrai, d'anéantir sous la puissance de sa parole les magnifiques témoignages de notre faiblesse, le Père Bourdaloue frappe souvent comme un sourd ; Massillon, dans son harmonieuse abondance, dit hardiment les plus dures vérités ; mais pas un ne goûte, comme Rais, le plaisir de faire la leçon aux

(1) Mémoires d'Omer Talon. Collection Michaud et Poujoulat, 3me série, tome VII, page 328.

Rois; pas un n'étale avec autant de satisfaction la sainteté inviolable de son caractère, et n'en profite aussi habilement pour cacher, sous une apparente humilité, le contentement de son orgueil. On sent que, plus il croît en crédit et en puissance, plus il dédaigne de voiler son arrogance et sa fierté : « Nous parlons, dit-il dans sa harangue de 1645, avec cette liberté vraiment chrétienne que Jésus-Christ nous a acquise par son sang et qui fait que les dispensateurs de sa parole la portent sans trembler aux oreilles des Princes, qui sans diminuer le respect diminue la crainte, et qui fait qu'à ce moment, où je me trouve saisi d'étonnement profond en songeant que je parle à mon Roi, je me relève par une sainte confiance en songeant que je lui parle de la part de son maître. » Son accent est plus despotique encore le jour de la fête de Saint Louis (1648) : « Je vous demande la paix, sire, au nom de tous vos peuples affligés, et, pour parler plus véritablement, consommés par les nécessités inséparables d'une si longue guerre; et je vous la demande avec liberté, parce que je parle à S. M. d'un lieu où je suis obligé par ma conscience de vous dire et de vous dire avec autorité que vous la devez. » Enfin, qui le croirait près de sa chûte, en lisant cette audacieuse apostrophe (1) : « Nous vous le demandons cet ouvrage de la paix avec autorité, parce que nous vous parlons au nom de Celui de qui les ordres vous doivent être aussi sacrés qu'ils le sont au moindre de vos sujets ? » Mais l'œuvre où Rais ramasse toutes les forces de son éloquence, la seule que l'on puisse rapprocher des sermons et des harangues, et où il déborde en quelque sorte d'impétuosité, c'est sa fameuse lettre pastorale du 14 décembre 1654, brûlée en Grève par la main du

(1) Harangue de 1652.

bourreau. Elle a toute la véhémence, toute l'âpreté, toute la vigueur d'un pamphlet. Rais y prend tous les tons et tous les styles. Tantôt il s'y développe en longues périodes ; tantôt sa phrase se raccourcit et se resserre et se plie si bien à la pensée qu'elle s'imprime avec elle dans l'esprit. Mêlant l'ironie au raisonnement, parfois il s'irrite, plus souvent il gémit et se présente comme victime d'un inviolable attachement aux libertés de l'Église ; mais partout surnage l'orgueil d'un prélat fier de tenir tête à un ministre tout-puissant et d'être le seul qui pût l'inquiéter et le braver. La vanité est encore l'âme de cette ardente et nouvelle Philippique.

On ne pourrait sans irrévérence comparer cette circulaire ecclésiastique aux nombreux libelles (1) que Rais composa durant la guerre des deux Frondes. Nulle part, cependant, ne brille avec autant d'éclat cette vivacité de saillies, cette hardiesse d'imagination, cette verve de style qu'on s'accorde à trouver dans les pamphlets du cardinal. Mais, nous l'avouerons, si l'on excepte les « contre-temps du sieur de Chavigny », la plupart de ces œuvres fugitives, écloses dans l'ardeur et la passion de la lutte, nous semblent froides et dénuées d'intérêt. Peut-être qu'en ce genre de récents ouvrages ont rendu notre goût, comme notre indulgence, plus difficile ? non : si l'on rapproche les divers écrits du cardinal de Rais, ses libelles sont faibles, sans force et sans couleur, Rais s'y montre, en quelques sorte, inférieur à lui-même. Ce n'est point pourtant qu'ils manquent d'une certaine originalité : le raisonnement y est vif est serré, l'expression souvent jus-

(1) Apologie de l'ancienne et nouvelle Frondes. — Le vrai et le faux de M. le Prince et du cardinal de Rais. — Le vraisemblable. — Le solitaire. — Les intérêts du temps. — Le manifeste de M. de Beaufort et son jargon. — Les contre-temps du sieur de Chavigny.

te, parfois même pittoresque; mais la phrase est obscure et traînante, embarrassée dans de longues incidentes ; on dirait que le cardinal n'est pas toujours à l'aise, quand il essaie une modération affectée, ou une impartialité qu'il ne peut longtemps soutenir. Mais il retrouve toute sa vigueur, toute sa fougue, toute sa malice quand il veut accabler sous le ridicule l'esprit altier et superbe de Chavigny. Son orgueil est satisfait d'humilier un rival et donne à son pamphlet un tel accent de vérité qu'on se sent, aujourd'hui encore, ému en le relisant, Rapprochant malicieusement les faits, inventant quelquefois, exagérant presque toujours, il y semble étonné des conclusions qu'il n'ose tirer, ou bien, affectant davantage encore la simplicité, il feint de ne voir qu'une chose ordinaire dans les plus étranges contre-temps ; puis se détournant à l'improviste sur Mazarin, pour frapper du même coup deux ennemis, il avoue que « le cardinal Richelieu a été malheureux dans ses créatures, et que le cardinal Mazarin et M. de Chavigny ne lui font pas honneur. » On ne multipliera pas les citations. Dans ce pamphlet, ainsi que dans l'Apologie de l'ancienne et nouvelle Frondes, on ne peut méconnaître parfois, comme on l'a (1) si bien dit, « le vrai génie de l'éloquence séditieuse qui mêle la raillerie, le raisonnement et la colère et surtout sait avilir par le ridicule celui qu'elle veut écraser sous la haine. »

Rais nous semble plus achevé, moins inégal dans ses Discours politiques. Ceux, dont il a orné ses Mémoires, se font encore applaudir et admirer. Quand on les compare aux harangues de Talon, dont Rais lui-même vante l'éloquence, on s'étonne que le Cardinal,

---

(1) M. Villemain.

malgré la culture et l'indépendance de son esprit, ne se soit point laissé entraîner au torrent et n'ait un peu à son tour sacrifié au goût de l'époque. Une simplicité élégante, une concision énergique à la manière de Salluste; une chaleur qui tantôt anime et vivifie également tout le discours, tantôt jette des étincelles ou des flammes; une argumentation fine et vigoureuse, et, pour la mieux faire entendre, un langage toujours clair et net : telles sont les qualités qui distinguent le talent oratoire de Rais. Il est vif et tranchant ; il ne se perd jamais dans les digressions, va droit au fait, semble dédaigner les ornements, et ne demande le succès de sa parole qu'à la force de son raisonnement et à l'énergie de son expression. Ses discours sont si fermes, si soutenus, si vigoureusement enchaînés, qu'on n'en peut rien détacher sans rompre l'harmonie de l'ensemble, et que, pour en donner une idée, il faudrait tout ou presque tout citer.

Enfin on arrive à l'œuvre capitale de Rais, au livre singulier qu'il appelle ses Mémoires et qu'on pourrait plus justement appeler ses Confessions. C'est là qu'il réunit toutes ses qualités de composition et de style, peut-être aussi ses défauts ; c'est là qu'il donne librement carrière à son humeur tantôt vive et enjouée, tratôt paresseuse et insouciante Mais, si en politique Rais n'est qu'une des plus brillantes lumières de l'arisocratie française sous le règne de Mazarin, dans l'histoire littéraire, il est également le représentant de son époque et de sa société. Au XVIIe siècle, il est pour nous deux sortes d'auteurs : ceux qui travaillent pour amuser ou instruire le public, tous gens de roture ou de mince condition ; et les grands seigneurs qui, sans songer à se faire imprimer de leur vivant, n'écrivent que pour leur délassement ou le plaisir d'un cercle choisi. Ceux-ci n'ont point le charme des premiers, leur attrait continu et cette perfection qu'on trouve dans une soumission intelligente aux régles de la langue et du goût : au contraire, indépendants jusqu'aux licences, ils s'abandonnent, et quelquefois sans réserve, à la fougue de leur imagination et à l'impétuosité de leurs idées ; pleins d'audace et de confiance en eux-mêmes, ils dédaignent souvent l'élégance et la richesse du langage ; ce n'est pas pour orner, c'est pour vêtir leur pensée qu'ils se servent de la parole et du style. S'ils arrivent à la grandeur sans effort, c'est que leur esprit, habitué aux hautes conceptions, s'y porte naturellement ; mais, quand l'idée ne vient pas soutenir et animer leurs écrits, l'expression est languissante et faible ; ils ne savent point relever les choses indifférentes par les grâces de la diction ; ils sont incomplets et choquent la sévérité de notre goût par une étrange alliance de grandeur et de naïveté, de simplicité et de recherche, d'éloquence et de faiblesse. C'est à cette littérature un peu fière, mais par trop inégale que Rais appartient : il n'a jamais voulu être un sujet académique, comme le dit Saint-Simon de lui-même ; il est trop grand seigneur pour s'abaisser à être un écrivain de profession et semble n'avoir point assez de mépris pour les faiseurs de gazettes et d'histoires. « Les hommes du commun, dit-il quelque part, qui raisonnent sur les actions de ceux qui sont dans les grands postes sont tout au moins des dupes présomptueux. » Et ailleurs : « Ne doit-on pas admirer l'insolence des historiens vulgaires qui croiraient se faire tort, s'ils laissaient un seul évènement dans leurs ouvrages dont ils ne démêlassent pas tous les ressorts, qu'ils montent et qu'ils relâchent presque toujours sur des cadrans de collége ? » Il va plus loin encore ; il s'oublie jusqu'à traiter d'âmes serviles et vénales les historiens de la Fronde. Rais ne songe donc guère à la réputation de bel esprit ; et c'est là peut-être ce qui fait que son œuvre a pour nous tant de charme et d'attrait. On aime, au milieu de tant d'écrivains de génie, à se trouver en face d'un homme, en face surtout de ces grands seigneurs qui parlaient avec tant d'esprit et qui ont écrit avec tant d'originalité. A côté de la langue savante, coule ou plutôt se précipite une autre langue vive, impétueuse et pleine de saillies, c'est la langue des gens du monde et des faiseurs de Mémoires, c'est la langue de Rais et de Saint-Simon, de la Rochefoucauld et de Madame de Sévigné. C'est elle qui donne à leurs écrits cet abandon et cette aisance du plus haut ton, cette négligence inimitable au milieu de la grandeur des pensées et quelquefois même de la splendeur de l'expression. Au reste ils croiraient s'humilier, ces grands seigneurs, s'il leur fallait observer les rigoureuses lois du langage ; les règles ne sont point faites pour des personnes de leur qualité ; ils prennent plaisir à user de leurs privilèges jusque dans leur style, et ils gardent en littérature ce qu'ils ne peuvent plus faire sentir à l'Etat, la fierté de leur indépendance. Rais est, après Saint-Simon, le plus éloquent de ces écrivains de génie ; peut-être irait-il plus haut, si son caractère égoïste n'eût rétréci son esprit et ralenti un peu l'ardeur de son imagination.

Toutefois, si l'on veut juger équitablement les mémoires du cardinal de Rais, il faut se rappeler l'esprit qui inspira leur auteur. C'est pour plaire à Madame de Caumartin qui, charmée des brillants récits de sa gloire passée, voulait qu'il composât lui-même l'histoire de sa vie ; c'est pour éveiller et satisfaire sa curiosité qu'il entreprit ce difficile travail qu'il a dû laisser imparfait.

Il ne s'inquiète point du jugement de ses contemporains, il n'écrit que pour lui et pour sa bienveillante amie, ou plutôt il écrit que pour faire son apologie, amuser et intéresser les autres. « Je trouve, dit-il, (1) une satisfaction sensible à me développer, pour ainsi parler, et à vous rendre compte des mouvements les plus cachés et les plus intérieurs de mon âme. » Et plus loin : « Voilà (2) bien des minuties qui ne sont pas dignes de votre attention ; mais, comme elles composent un petit détail qui donne l'idée du manége des prisons d'Etat, *dont peu de gens se sont avisés de parler* , je n'ai pas cru qu'il fût mal à propos de les toucher. » C'est donc par passe-temps et par complaisance que Rais a écrit ou dicté ses Mémoires. S'il l'eût fait pour nous, il ne se fût point contenté de rechercher une réputation facile en flattant l'esprit curieux d'une société désœuvrée; des jugements pleins d'impartialité et de justesse, une modération généreuse, une conviction sincère et franche, tel eût été le mérite de son œuvre. En parlant de lui-même, en faisant sa propre confession, loin de vouloir en imposer à la postérité, il eût appris à la respecter; il eût voilé de ces vices qu'on doit laisser dans l'ombre; et, sans fanfaronnade comme sans hypocrisie, il eût dit et dit avec décence la vérité. Mais il n'a point tous ces scrupules. Il est au milieu d'un cercle d'amis qui l'écoutent avec complaisance : pourquoi négliger de se mettre à l'aise ? il veut éblouir et faire une grande figure soit en bien, soit en mal : faut-il craindre de se montrer toujours en scène et de suppléer à la vérité par l'imagination ?

Mais on le pressent déjà, dans les Mémoires du Car-

---

(1) Mémoires de Rais page 419.
(2) *Item* , page 428.

dinal on ne trouve ni une perfection ni un intérêt continu. Quand il se place sur le théâtre, qu'il expose sa personne et répète le rôle brillant qu'il joua naguère, il charme, il attache, il émeut, On ne se lasse point de le contempler et de l'admirer, on l'applaudit involontairement et on est entraîné par un esprit si séduisant et si vif. Veut-il nous montrer la perspicacité de son jugement, la sûreté de ses prévisions ? il prend tous les tons, emploie toutes les éloquences. Son style est sobre et clair, sans ambition, sans recherche, mais plein de cette gravité imposante qui distingue les hommes mêlés aux grandes choses, quand il expose ses théories ou son avis sur la marche du gouvernement. Ses longues conservations avec le duc de Bouillon, qui se sont si heureusement gravées dans sa mémoire, ses discours au prince de Condé et au duc d'Orléans sont des modèles achevés de ce langage sérieux et ferme, créé pour les hautes pensées et les importantes discussions de la politique. Se fait-il spectateur pour donner à son œuvre plus de variété et à lui-même une plus grande liberté de jugement ? Il ne se laisse pas longtemps oublier. On sent à son langage l'orgueil d'un homme, fier d'étaler sa profonde connaissance des affaires et la triste expérience que lui ont donnée les agitations de sa vie et les rigueurs de son exil. Il n'est point de tableau plus majestueux que ces pages toujours citées où Rais nous montre s'acheminant vers le pouvoir absolu la monarchie, tempérée autrefois par les droits des Etats Généraux et les remontrances du Parlement : à la profondeur de la pensée, à la vigueur du style et à la sérénité de l'expression, on dirait un passage de Bossuet. Mais Rais ne se tient pas toujours à cette hauteur. L'écrivain qu'il préfère et qu'il imite à chaque instant est Salluste : aussi lui dérobe-t-il sans cesse sa concision et l'énergique brièveté de ses maximes. Rais abonde en réflexions justes et sensées, quelquefois ingénieuses, toujours fortement exprimées. Elles rompent l'uniformité d'une narration qui fatigue parfois à force de plaire, et, placées avec goût, forment au milieu du discours d'agréables saillies. N'est-ce pas du reste une manière de se rappeler au Lecteur, de le forcer à ralentir sa marche, si, emporté par la rapidité du récit, il venait à oublier l'écrivain ? Rais, en effet, n'aime point à rester dans le silence et dans l'ombre. C'est une remarque piquante que cet homme, qui écrivait avec tant de malice, qui maniait si aisément l'ironie, qui trouvait tant d'esprit pour se moquer de ses adversaires, est toujours dans ses Mémoires languissant et monotone, lorsque, forcé de parler des autres, il doit s'effacer et disparaître complètement. Y a-t-il rien de plus sec, de plus froid, disons le mot, de plus ennuyeux que le récit des séances du Parlement lors du second retour de Mazarin ? Il semble que l'amour propre donne seul du mouvement au récit de Rais, de la force et de la couleur à son style.

Il serait facile d'exalter Rais en rapprochant ses Mémoires de ceux de ses contemporains ; mais, si l'on excepte la Rochefoucauld, la victoire serait trop aisée. On ne peut pourtant le comparer à Saint-Simon : les deux auteurs ont écrit dans un esprit trop différent. Rais ne songe qu'à se donner en spectacle, à se développer au milieu des dangers d'une émeute ou des complications d'une intrigue ; il faut, pour que son récit s'anime, pour que son style prenne de la couleur et de l'éclat, qu'il fasse son apologie ou son panégyrique ; — Saint-Simon, au contraire, ne se met pas souvent en scène ; c'est de sa loge qu'il regarde les acteurs, et, avec sa pénétration, il essaie de deviner les pensées et de démasquer les visages. Il n'est point pour lui de plus grand plaisir que d'assister à ces coups de théâtre où l'imprévu du changement fait oublier le calme de la dissimulation; il ne se sent à l'aise que dans son rôle d'observateur, et il y serait unique, si la passion, qui donne tant de chaleur à son œuvre, ne rendait parfois son jugement violent et injuste. Mais le rival et l'adversaire de Rais, celui qui, après avoir été, comme lui, un des héros de la Fronde, a voulu s'en faire l'historien, c'est la Rochefoucauld. Ses Mémoires sont écrits avec cette clarté, cette netteté, cette élégance qui rappelle l'auteur du livre des Maximes; mais la variété ou plutôt l'intérêt et la curiosité manquent en général à son œuvre. Il s'arrête trop à rechercher les mobiles qui ont poussé les hommes ou à discuter la valeur (1) d'une action qui, au millieu de la rapidité du récit, doit se juger plus rapidement encore. L'imagination ne vient pas non plus, comme chez Rais, donner de la vie aux plus petites choses, du mouvement aux scènes les plus simples. D'ordinaire, quand on loue un auteur, on trouve en lui tous les mérites ; sans vouloir pécher ici par cet excès d'admiration, nous avouerons pourtant qu'il n'est guère de lecture plus attachante que celle des mémoires de Rais. Tantôt sa narration dramatique et saisissante (2) entraîne comme une scène de nos grands tragiques et laisse à peine respirer un instant; tantôt c'est avec un talent digne de Molière qu'il dispose les personnages (3) de sa comédie, pour rire le premier de leurs ridicules et en faire rire les autres. Veut-il cesser la plaisan-

---

(1) Mémoires de la Rochefoucauld. — Discussion sur la désertion de Marsin.
(2) Mémoires de Rais, page 63 et s. q. — page 275 et s. q.
(3) Item, pages 61 et 62.

terie et nous montrer, comme il le dit, une galerie des personnes de son temps? Des portraits (4) achevés, d'un profond talent d'observation, d'une sobriété élégante dont Saint-Simon n'a point l'idée, d'une singulière délicatesse, en un mot pleins de vie et de vérité, se détachent comme en relief de son œuvre et font regretter que Rais n'ait point essayé sur lui-même son crayon si habile et si ferme. Enfin, quand il se donne le plaisir de nous exposer une intrigue, d'entrer dans tous ses détails et de nous faire toucher du doigt les ressorts les plus délicats, quand il s'amuse à peindre un parti, à nous montrer ses mouvements cachés et en quelque sorte intimes, il a le droit de se dire sans rival: on ne peut montrer plus de finesse, de sagacité, un génie plus perçant.

Un si grand talent de composition, tant d'habileté pour démêler les manœuvres les plus compliquées, tant de perspicacité pour juger le caractère et les actes de ses adversaires, tant de variété et de charme en ses récits; toutes ces qualités, en un mot, de critique et de peintre, si rares mêmes chez nos meilleurs historiens, donnent à Rais un rang éminent parmi les auteurs de Mémoires. Mais ce qui le met au-dessus de tous, Saint-Simon excepté, c'est son style. On ne manie point la langue avec plus d'aisance et de liberté. Loin de se conformer à ses exigences, il semble que Rais la plie à son caprice. Ses périodes ne sont point enchaînées avec la rigueur du grammairien; une particule, un pronom suffit pour en relier les membres épars; s'il y a quelque obscurité, rien n'arrête au moins l'allure vive et rapide de la narration. Parfois sa phrase se déroule en longs replis avec l'abondance et l'harmonie de Tite-Live, quel-

(4) Item page 94 et s. q.

quefois même elle s'y embarrasse, pendant qu'à l'autre page elle se raccourcit pour exprimer, sous sa forme la plus simple, une réflexion ingénieuse ou une maxime d'État. Pour lui notre idiome ne manque jamais de ressources ; il emprunte tour-à-tour la langue du peuple, la langue de la Cour ou celle des politiques et toujours sans peine et sans effort. Sa vaste imagination, qui donne à sa conduite politique tant d'apparence de grandeur, à ses récits tant de mouvement et de vie, se retrouve aussi dans son style. Ce style a, comme on (1) l'a dit de nos jours « toutes les grâces de la plus fine aristocratie et ce grand air si séduisant dans le monde et dans les livres ». Mais ce qui y domine, c'est une sorte de vivacité impétueuse, une incroyable facilité, une aisance du plus haut ton, et, par-dessus tout, une surprenante originalité. Rais a, si l'on peut ainsi parler, sa manière, qu'il est facile de reconnaître, mais dont il est difficile de donner des exemples, parce qu'il faut se résoudre à choisir. Il est pourtant peu d'écrivains qui aient plus d'expressions créées et en quelque sorte personnelles ; et c'est de lui qu'on peut dire avec raison ce mot tant cité : le style est l'homme même. Ne reconnaît-on pas la fierté un peu moqueuse de Rais dans cette phrase sur le duc d'Epernon : « La plupart des démêlés venaient de *la ridicule chimère de sa roturière principauté* » ? Sa fermeté et son audace ne percent pas moins sous ces expressions saisissantes : « Mazarin n'eut que *l'impudence de l'imitation* de Richelieu » ; ou bien : « la porte *St-Antoine s'ouvrit et M. le Prince y entra avec une armée plus couverte de gloire que de blessures, quoiqu'elle en fût chargée* ». Parfois son style revêt une grâce d'une délicatesse singulière :

(1) M. Cousin.

« Comme il a fait le premier la proposition, il en a *la fleur de la gloire* » ; parfois aussi les métaphores sont moins discrètes, mais joignent toujours à la justesse de la pensée la précision et la beauté de l'expression : « *Libéralités sourdes dont l'écho n'en était que plus résonnant.* » Enfin, il ne dédaigne point les comparaisons, bien qu'il en use sobrement, et sait toujours leur donner un air d'agrément et de nouveauté : « le crédit parmi les peuples, cultivé et nourri de longue main, ne manque jamais à étouffer, pour peu qu'il ait du temps pour germer, ces fleurs minces et naissantes de la bienveillance publique que le hasard fait quelquefois pousser. » On pourrait citer encore. Rais connaît tous les secrets du langage ; les mots mêmes semblent en sa prose avoir plus de valeur et de sens. Où trouver une phrase plus concise et plus expressive que celle-ci : « cet ouvrage n'est qu'*un enchaînement de l'attachement* que la Reine avait pour le cardinal » ? Ou un trait plus vif et plus profondément enfoncé que ce jugement sur un cardinal de ses amis : « *le vieux Spada rompu et corrompu dans les affaires* » ?

Pourtant on ne peut toujours louer Rais. Il est souvent inégal, quelquefois même obscur et embarrassé ; son génie si ferme et si droit d'ordinaire s'égare ; il n'a su ni le polir, ni le perfectionner par l'étude. Il semble qu'il ne se doute pas qu'il y ait un art d'écrire, ou plutôt, comme on l'a déjà dit, il méprise la réputation d'écrivain. Aussi se perd-il souvent dans les détails ou les longueurs oiseuses d'une narration ; il se fatigue, s'endort même et ne fait oublier son sommeil que par un réveil toujours lumineux. Son style a aussi des défaillances. A force de tourmenter la langue ou d'en dédaigner les règles, Rais en méconnaît le génie. Sa phrase est parfois incorrecte et barbare, parfois ses mots sont pris à contre-sens et ses métaphores paraissent outrées et sans justesse. Ce n'est pas que le Cardinal soit dénué de goût, mais le travail et le soin lui font défaut. Sa fierté, peut-être même la paresse de son inclination, l'a empêché de s'abaisser à ce qu'il appelle des minuties de collége ; il n'a point pris garde à ces taches qui n'altèrent pas, mais qui déparent un monument qu'on regrette de trouver inachevé. On dirait que le génie brillant de Rais a toujours, en quelque sorte, manqué de justesse et d'harmonie.

Nous avons essayé de faire connaître le caractère de Rais et son talent d'écrivain, nous pourrions nous demander maintenant pourquoi en littérature il occupe une plus haute place qu'en politique. Sans vouloir affirmer avec Cicéron (1) que notre malignité a peine à souffrir qu'un même homme possède plusieurs talents supérieurs, nous croirons que l'imagination de Rais, si séduisante dans ses mémoires, était moins à sa place dans les choses d'État plus sérieuses, et, pour employer un mot nouveau, plus positives. Peut-être aussi que la vanité égoïste, condamnée des hommes lorsqu'elle ne réussit pas, trouve plus aisément grâce en un ouvrage auprès des lecteurs, quand elle sait animer et colorer tout ce qu'elle touche. Rais a dit avec un peu de mélancolie : « Il n'y a que la continuation du bonheur qui fixe la plupart des amitiés ; » devons-nous penser qu'elle n'est pas moins nécessaire pour fixer la gloire, et faut-il attribuer aux malheurs de Rais l'inégale réputation du politique et de l'écrivain ? Non : la raison de cette inégalité, c'est que Rais avait une ambition au-dessus de son génie ; ou, plutôt impatient des obstacles

(1) Est mos hominum ut nolint eumdem pluribus rebus exceller — Brutus, ch. XXXI.

et de la marche lente du temps, il ne croyait rien au-dessus de ses forces, parce qu'il ne voyait rien au-dessus de ses espérances. Distinguant peu l'extraordinaire de l'impossible, il se persuadait qu'il était appelé à tous les succès, parce qu'il se les était imaginés ; et même, se berçant des plus étranges illusions, il pensa un instant durant la Fronde qu'il pourrait renouveler la vie mobile et aventureuse des héros de roman. Est-il donc étonnant qu'un si singulier personnage, une fois qu'il a pris la plume, qu'un homme capable, comme nous l'avons dit, de se transformer et de s'améliorer, séduise et entraîne, surtout s'il a composé son histoire avec grâce, esprit et malice? mais avait-il assez de fermeté pour soutenir les grandes choses qu'il rêvait? nous n'osons le croire. Toutefois, en jugeant de tels caractères, il faut se garder de la précipitation naturelle à la jeunesse. Il est plus facile de condamner un homme public que de le comprendre et de l'expliquer. Pour nous, qui avons tâché d'apporter à cette étude de littérature et d'histoire une modération impartiale, contentons-nous de souhaiter la vivacité, l'aisance et le naturel de Rais, si nous songeons à écrire; et souhaitons aux politiques, d'une époque plus tourmentée et plus tumultueuse que la Fronde, plus de fonds, moins d'instabilité, une plus grande solidité de raison.

FIN.

www.ingramcontent.com/pod-product-compliance
Lightning Source LLC
LaVergne TN
LVHW020041090426
835510LV00039B/1366